나은숙
시집

어느 날 누구에게나
찾아온 행복

어느 날 누구에게나 찾아온 행복

초판 1쇄 발행 2022년 4월 25일

지은이 나은숙
펴낸이 장길수
펴낸곳 지식과감성#
출판등록 제2012-000081호

교정 정은지
디자인 정슬기
편집 정슬기
검수 오현석, 윤혜성
마케팅 고은빛, 정연우

주소 서울시 금천구 벚꽃로298 대륭포스트타워6차 1212호
전화 070-4651-3730~4
팩스 070-4325-7006
이메일 ksbookup@naver.com
홈페이지 www.knsbookup.com

ISBN 979-11-392-0429-2(03810)
값 12,000원

- 이 책의 판권은 지은이에게 있습니다.
- 이 책 내용의 전부 또는 일부를 재사용하려면 반드시 지은이의 서면 동의를 받아야 합니다.
- 잘못된 책은 구입하신 곳에서 바꾸어 드립니다.
- 책의 표지와 본문 일부에 '을유1945' 서체를 사용했습니다.

지식과감성#
홈페이지 바로가기

나은숙
시집

어느 날 누구에게나 찾아온 행복

시인의 말

화사한 봄꽃이 나를 보고 방긋 웃고 있다.
모든 순간이 행복이다.
세상이 어떠한들
꽃은 피고 지고
시간은 흐르고 있다.
어제보다 오늘을
내일보다 오늘을
주어진 오늘을 즐기며
사랑하는 독자님들의 성원에 제2시집을 출간하게 됐다.
생활 속의 문학, 문학의 생활화를 실천하고 지향하며
시인으로 문학인으로 남은 인생을 빛나게 추구해 보련다.

저자 나은숙

목차

시인의 말 * 4

제1부
어느 날 누구에게나 찾아온 행복

어느 날
누구에게나 찾아온 행복 * 12
그대 안에
쉼이 물들고 있다 * 13
잔잔하게 일렁이는 하루 * 14
무언의 사랑 * 15
쉼표를 찍고 싶은 어느 날 * 16
자유를 찾아서 * 17
가슴 뛰는 사랑 * 18
찻잔에 떠오르는 달빛 * 19
석연한 그리움 * 20
빈 마음 * 21
우아한 수다 * 22
마지막 잎새 * 23
붉은 노을의 여운 * 24

하마터면 이별할 뻔했다 * 25
또 다른 사랑 * 26
눈부신 태양 * 27
꿈은 내 곁에 있다 * 28
소확행 * 29
상념 * 30
내 마음이
노란빛으로 물든 들 * 31
벚꽃 * 32
화려한 장미 * 33
용기 * 34
초록빛 사랑 * 35
벌과 나비 * 36
문득 향수에 젖어든 날 * 37

제2부
엄마의 아늑한 품

엄마의 아늑한 품 * 40
봄 향기 * 41
봄의 향연 * 42
걷는 그 길 * 43
벚꽃 길
나 홀로 걷고 싶다 * 44
들국화 향기 * 45
단풍 길을 거닐며 * 46
한여름 밤의 꿈 * 47
한 송이 꽃을
피우기 위해 * 48
붙잡고 싶은 가을 * 49
찬바람이 불면 * 50
가을빛을 머금은 그리움 * 51
시월의 어느 멋진 날 * 52

가을바람 * 53
참았던 그리움 * 54
시월의 마지막 밤 * 55
가냘픈 나무 * 56
기억은 추억이다 * 57
감기 * 58
욕심은 적당히 * 59
명성산 * 60
고양이의 눈물 * 61
빛나는 거울 * 62
아름다운 사랑 * 63
생각하는 삶 * 64
봄날의 기억 속으로 * 65

제3부

소중한 그대

소중한 그대 * 68
고아한 품격 * 69
사랑은 행복으로 * 70
취한다는 것은 * 71
좋은 것만 받아들이자 * 72
가장 행복한 날 * 73
순수한 영혼 * 74
보고 싶은 얼굴 * 75
꽃길 같은 인생 * 76
자연스럽게 * 77
어쩌다 발견한 어느 날 * 78
인고의 삶 * 79
추억 속의 휴식 * 80
마음의 여유 * 81
백설 * 82

이심전심 * 83
푹 자고 싶은 날 * 84
빛나는 만남 * 85
목화솜의 포근함 * 86
까치들의 회의 * 87
감사한 마음 * 88
가는 세월 * 89
브런치 * 90
도파민 호르몬 * 91
미소천사 * 92
행복으로 스며든 봄비 * 93

제4부
선물은 한없이 주고 싶다

선물은 한없이 주고 싶다 * 96
개인주의 * 97
내면의 근육을 키우자 * 98
가슴으로 남은 추억 * 99
설레는 사랑 * 100
사랑의 원칙 * 101
당신에게 * 102
기억 속의 공간 * 103
앤티크 그릇 * 104
기쁨과 감사 * 105
눈 내리는
어느 날의 추억 * 106
시간의 흐름 * 107
아들과 멋진 데이트 * 108
미덕은 인심이다 * 109

미세 먼지 * 110
봄소식 * 111
생존 본능 * 112
반려 식물이 웃고 있다 * 113
황금빛 인생 * 114
푸른 인생을 꿈꾸며 * 115
홈 카페 * 116
미지의 세계를 찾아서 * 117
잠 못 이루는 밤 * 118
고통은 지혜롭게 * 119
소식을 묻다 * 120
기다리는 어느 봄날 * 121

평설

나은숙 제2시집
《어느 날 누구에게나 찾아온 행복》

내면의 순수성과 행복의 시학

제1부
어느 날
누구에게나 찾아온 행복

어느 날 누구에게나 찾아온 행복

시련과 고통을 짊어지고
허허벌판에 있다

푸르른 들판 풀내음에 취해
시련과 고통을 내려놓고 오는 길
에메랄드빛 호숫가에 행복이 떠 있다

그 행복 잡으러 가는 순간
내 안의 행복이 날 잡고 있다

가까이서 내 마음을 지켜 준 행복
항상 내 안에 존재한다는 것을

그대 안에 쉼이 물들고 있다

어제의 좋은 기억
오늘의 고무적인 느낌표로
내일의 기대되는 꿈에 가끔은 쉼표를
한결같이 발돋움해 본다

그대의 포근한 고운 숨결이
내 안에 스밀 때
그대 안에 쉼이 물들고 있다
따스한 시선이 머무는 그대에게
내 맑은 영혼 담아 드리리

잔잔하게 일렁이는 하루

심장의 떨림
마음의 설렘
파동이 요란하게 치고 있다
그대 앞에 다가서면

심성이 고운 사람
따스한 온기로
웃음꽃으로 피게 해 주고

진심으로 다가오는 사람
그런 사람 내 앞에 있다

눈을 뜨면
설레는 마음으로
내 머릿속에 옥시토신으로
잔잔하게 일렁이는 하루하루로 빛나길

무언의 사랑

말을 해야 할까
아니야
그냥 눈빛만으로도
알 수 있는 우리
그게 사랑이라는 걸 알았다

가까이 조금만 더 가까이 다가온다면
나는 그대에게 따사로운 햇살이
되어 주고 싶다

그대 가는 길마다
찬란한 별빛으로
등불이 되어 주고 싶다

쉼표를 찍고 싶은 어느 날

하루가 가고
또 하루가 찾아온다
희망으로 절망으로
기쁨으로 슬픔으로
삶은 그 언제나 희로애락이다

누구에게나 공평하게 주어진 24시간
누군가에겐 하루의 시작이 되고
누군가에게는 하루의 끝이 된다

앞만 보고 달려온 하루
이제는 쉼표를 찍고 싶다

자유를 찾아서

도시를 떠나 바람 따라 가 본다
파란 바다 물결 바라보며
가슴에 쌓인 응어리 풀어 버리고

푸르른 초록빛 편백나무 숲길
피톤치드 가득 안고
심신의 안정 달래 본다

이 순간 시간도 흐르고
붙잡을 수 없는 인생도 흐른다

모든 것을 품어 주는 자연 앞에
나는 자유다

가슴 뛰는 사랑

가고 오지 않은 사람을
공연이 기다리지 마라
언젠가는 잊어버릴 아픔을

소중한 시간을 낭비하기엔
인생은 너무 짧은 시간이다

미련 없이 추억으로 남긴 채
또 다른 사랑으로 찾아오는 날

생각의 온도를 느끼며
머릿속에 항상 생각나는 사람
내 곁에 나타나 한곳을 바라보며
가슴 뛰는 사랑이기를

찻잔에 떠오르는 달빛

순하고 부드러운 둥근 달빛
찻잔에 떠오르는 달빛
자세히 보니 그리운 엄마 모습

맑고 밝게 살아라
존중하고 배려하며 살아라
사랑하고 기도하며 살아라

사랑하는 엄마의 고운 음성이
내 귀에 생생하게 들리는 듯
난 순간 먹먹해졌다

석연한 그리움

고요하게 밤새 내린 하얀 눈
온 세상이 한 폭의 동양화

소복이 쌓인 흔적 없는 하얀 눈길을
발자국을 내며 마냥 걸었다

눈보라 치는 바람 앞에
석연한 그리움이 서성인다

지금 이 순간
모든 세상은 순수 여백이다

빈 마음

물밀듯 밀려오는 그리움을 머금고
참았던 눈물을 그대에게 보낸다

그대도 인고의 눈물을 담아
뜨거운 마음을 보내왔다

우리는 빈 마음으로
서로 서쪽 하늘을 보고 있다

우아한 수다

오랜 기다림의 끝에
그리움을 묻어둔 채
강물은 유유히 흐르고 있다

비대면으로 만나지 못하는 그대들
마음 안에 새겨진 모습들
하나하나 꺼내어
살짝 드리워진 추억을
그대들에게 보여 주고 싶다

그윽한 향기가 퍼지는
찻잔을 마주하고
우아한 수다를 맘껏 떨고 싶은 그날
내 머릿속에 지우개가 되지 않기를
빠른 시간에 대면하기를 기대한다

마지막 잎새

마지막 잎새 한 잎
안간힘을 다하여 매달려 있다

세찬 비바람에도
굳세게 한 그루 나무를 보호하고 있다

마지막 잎새 너마저 떨어진다면
내 마음은 갈 곳을 잃어
외로움의 끝은 어디일까

하얀 눈이 내리는 어느 날
마지막 잎새 떨어져
온몸이 하얀 눈꽃 송이로 피어나
순백의 물결로 일렁인다

붉은 노을의 여운

고요한 저녁 붉은 노을의 여운이
가득한 어스름한 하늘

그 공간을 채우는 빛의 잔상들
어두운 그림자를 남기며
검게 물들인다

그 와중에 피어나는
주황빛 노을의 향수
호수에 잔잔히 비쳐 온다

그 위에서 흐뭇하게
내려다보는 초승달과 별
밝게 고운 웃음 내비치며
환하게 빛난다

하마터면 이별할 뻔했다

하마터면 이별할 뻔했다
한동안 시들시들 초록 잎도 떨어지고
마음이 아려왔다
우리 가족이 사랑하는 반려 식물

영양제도 듬뿍 주고
좋은 대화도 나누고
경쾌한 음악도 들려주고

어느 날 노랗게 잎이 변한 식물이
초록빛을 띠고 조금씩
잎이 생기가 돌며
우리 가족에게 기쁨을 주고 있다

또 다른 사랑

떠나는 사람 앞에
그대가 울고 있다

미련을 두고 가슴 아파하지 마라
시간이 흐르면 잊히거늘

만나면 헤어짐이라
또 다른 사랑이 그대 곁에 찾아와
화려한 장미로 설레게 한다

눈부신 태양

스산한 겨울 아침
아쉬운 듯한 해가
어느덧 지나가고 있다
난 말없이 떠나가는 그날을 붙잡지 않으련다

고행의 길
그 누구에게나 있다
지금 이 순간도 고행의 길

조금만 참고 견디면
머지않아 저 산 너머
따뜻한 봄바람이 불어오겠지

꿈은 내 곁에 있다

할 수 있다고 무엇이든지 생각할 때가 지금이다
무엇이든 시작할 수 있고
늦었다고 생각할 때가 지금이다

꿈을 꾸는 자는 그 언제나 꿈속에서
꿈은 이뤄지는가
지금 바로 꿈은 내 곁에 있나니
그 꿈을 잡는 자는 지금이다

꿈은 희망이고 미래고
꿈이 있는 사람은 아름답다
현실은 꿈이 만들어 준 미래다

과거 현재 미래를 접목하여
청춘과 지성인을 향하여
나는 오늘도 내일도
영원히 꿈을 꾸며
그 꿈을 가꾸어 가고 있다

소확행

사랑하는 절친과
커피 마시기 좋은 날
오고 가는 대화 속에
웃음꽃이 활짝

나른한 봄날 오후에 마시는
한 잔의 향긋한 커피와 초코케이크
나만의 소확행을 느껴 본다

우리 서로 보고픈 그대
오늘 하루도 기쁨 가득 안고
만나는 그날 설렘 속에
오늘 하루도 지샌다

상념

한적한 해변가
반짝이는 눈부신 은빛 물결 속에

콜드브루 향기를 코끝으로 느끼며
깊은 상념에 빠져들고 있었다

어느덧 시간이 흘러
고요한 적막이 흐르는 밤
별이 빛나는 황홀한 별빛 속으로
빠져들고 있는 나
이 또한 지상 낙원이네

내 마음이 노란빛으로 물든 들

다소곳이 피어난 노란 산수유꽃
꽃샘추위에도 활짝 미소 짓는 가냘픈 산수유
노란 꽃물결로 온 천지가 눈부시다

내 마음이 노란빛으로 물든 들
평화로운 순간이다

벚꽃

바라만 봐도 될까요
손으로 만지면 아파 떨어지는 꽃잎

눈으로만 맘껏 보고 있을 때
붉게 홍조를 띠고
수줍은 듯 미소를 띤다

화려한 장미

머뭇거리다가 말을 걸어옵니다
나 어떻게 생각해요
가시가 많고 화려해서
다가가기 어렵습니다

하지만 그윽한 향기가
뇌세포를 활성화해
그 매력에 푹 빠진 한 떨기 당신입니다

용기

사실은 고백할 게 있어요
수줍어 고개 숙인 할미꽃

하루 종일 허리 굽혀 힘들지만
아래만 보고 사는 것도 행복합니다

절망에 빠진 사람들
아래라도 볼 수 있다는 게 감사하며
환한 미소로 용기를 보여 준다

초록빛 사랑

들뜬 마음에 둘레길을 걸었다
흔들흔들 춤추는 나무들은
바람과 노닐고

살랑이는 바람결에 초록빛 사랑
푸르른 초록빛은 싱그러운 입맞춤이다

벌과 나비

하늘하늘한 꽃무늬 원피스를 입고
빙 돌며 앞태 뒤태 살피는 순간
벌과 나비가 찾아든다

향기로운 꽃 주위엔
아름다운 향기가 가득
나 자신이 나비가 되어 본다

문득 향수에 젖어든 날

지는 꽃잎 바라보며
하얀 눈물짓고

피어나는 꽃잎 바라보며
황홀한 미소 짓고

꽃은 피고 지고
우리 가슴에 눈물로 미소로
하염없이 파고든다

꽃이 지는 건
또다시 피어나기 위함이다

스친 인연 달빛에 잠기듯
문득 향수에 젖어든다

제2부
엄마의 아늑한 품

엄마의 아늑한 품

아름다운 별빛 속에
은은하게 퍼지는
아늑한 엄마의 품속을 그려 본다
애틋한 나의 엄마는 영원한 그리움이다

주는 사랑으로 한평생 산다는 것은
참으로 의미 있는 정이다

지금까지 듬뿍 받은 사랑으로
주는 정으로 살아가리라

봄 향기

향기로움이 가득한 거실
콘솔 위에 디퓨저의 향이
봄 향기를 싣고 은은하게 퍼져 온다
우리 집에도 화사한 봄이
어느덧 오고 있었나 보다

핑크빛 조명 아래
은은하게 퍼지는 아로마 향기
침대를 유혹한다
그 향기에 취해
꿈속에서 꿈을 꾼다

봄의 향연

소리 없이 내리는 꽃비를 맞으며
하염없이 걷는다
꽃향기를 전해 준 봄바람
걷는 그 길에
봄의 향연이 펼쳐진다

가고 싶은 곳 그 어느 곳이든
가는 곳마다 화사한 봄꽃들이 웃고 있다
봄 향기에 취해
내 마음은 봄내음으로 가득하다

걷는 그 길

길을 따라 걷다 보면
좌측은 바다 향기 가득한 파란 바다
답답함이 뻥 뚫리는 파도 소리

우측은 푸르름으로 일렁이는 산
산이 있는 곳에 숲 향기 가득하다

양쪽에 산과 바다를 끼고
걷는 그 길은 대자연의 소확행으로

벚꽃 길 나 홀로 걷고 싶다

흐드러지게 핀 벚꽃 길
호숫가를 아늑하게 안은 채
나 홀로 걷고 싶다

코로나19로 인해
이번 벚꽃 축제에 초대되지 못하고
아쉬움으로 남는다

때가 되면 봄은 오고
예쁜 봄꽃들은
꽃단장하느라 바쁘다

들국화 향기

이 깊어 가는 가을에
방긋 웃는 노란 들국화가 손짓한다
들국화 향기 속에
푹 빠진 나

어느덧 그 향기에 취해
내 마음은 무지갯빛 향수다

단풍 길을 거닐며

거리의 가로수 길 나뭇잎들이
부드러운 햇살에 눈부시다
살랑살랑 부는 가을바람 속으로
파란 하늘 보며
걷는 그 길은 행복이었네

석양을 바라보며
타는 가을 냄새를 느낀다
이 깊어 가는 가을
곱게 물든 단풍잎
초록빛 나무에 살포시 내려앉아
한껏 예쁜 꽃으로 피어난다

절정에 오른 오색찬란한
단풍 길을 걸으며
숲속 향기에 취해 본다

한여름 밤의 꿈

한여름 밤의 꿈은
무더위에 지쳐 묻히고 있다

어느덧 선선한 바람이 불어와
이마에 맺힌 땀방울을 어루만진다

무더위를 식히는 시원한 바람
그 바람에 나의 맑은 영혼을 맡긴다

한 송이 꽃을 피우기 위해

꽃잎 겹겹이 꼬옥 껴안고
한 송이 꽃을 피우기 위해
진한 향기 날리며
사랑을 했었나 보다

꽃향기에 취한 우리들
깊고 깊은 사랑을 하게 된다

모두가 좋아하는 그 이름
예쁜 꽃으로 남고 싶다

붙잡고 싶은 가을

푹푹 찌는 여름이 떠나려고
아쉬운 듯 문밖에 서성이고 있다

살랑살랑 불어오는 가을바람이
내 가슴을 스치며
싱숭생숭 내 마음속에 찾아왔다

이 가을 눈물이 핑 돌 정도로
그리움에 젖어
떠나지 못하게 붙잡고 싶다

찬바람이 불면

찬바람이 불면
보고픈 그대가 울컥 생각난다

차창 밖 떨어지는 낙엽은
바람 타고 온 그리움이었네

세월 따라 찾아온 그리움은
멍든 가슴으로 물들이네

가을빛을 머금은 그리움

기다리고 기다리던 좋은 날
언제일까

가을빛을 머금은 그리움
황금빛으로 물들게 하소서

쓸쓸한 가을에 외롭지 않게
가슴에 빨간 단풍이 머물게 하소서

시월의 어느 멋진 날

이 가을이 가기 전 시월의 어느 멋진 날
하루하루 가슴에 품고서

삭막한 추운 어느 겨울날
내 눈에 담았던 오색찬란한 수채화 꺼내면

노을 진 저 건너 추억이
기억 속으로 적셔 온다

가을바람

서성거리는 가을바람이
가던 길 멈추고
창문을 두드린다

반갑게 맞이하니
빨간 단풍 노란 은행잎 한 움큼 선물한다

투명한 유리그릇에
한 잎 한 잎 곱게 펴서 쌓아 놓고
예쁜 가을을 느끼고 싶다

참았던 그리움

건화 꽃다발들 가을이 모인 자리에
대리석 테이블 위에 놓인 핫 커피와 쿠키
시간 제약 없는 마이 하우스의 홈 카페
창밖으로 내다보이는 형형색색의 고운 단풍

건화와 어우러진 단풍잎이 손짓한다
하나둘씩 흩날리는 낙엽은 바람 따라
어디론가 정처 없이 떠나가고 있다

쓸쓸한 이 가을바람 따라 낙엽 따라
어디론가 떠나가고픈 외로운 길
참았던 그리움이 밀려온다

시월의 마지막 밤

이렇게 아름다운 시월의 마지막 밤
달빛에 반짝이는 단풍을
가슴에 품고
별빛 속에 다이아몬드처럼 눈부시다

매년 돌아오는 시월은
여린 가슴에
왈칵 뜨거운 눈물이 앞을 가린다

가냘픈 나무

그토록 형형색색으로 물든 단풍
세찬 비바람에 우수수 떨어진 단풍
고공 행진으로 단풍잎이 새가 되어 비행한다

떨어진 낙엽 흔적
앙상한 가지를 바라보며
가을의 끝자락에 겨울은 오고 있나 보다

하얀 눈이 내리는 날
알몸으로 떨고 있는
가냘픈 나무를
하얀 눈꽃 송이로 포근하게 하소서

기억은 추억이다

기억은 추억이다
희로애락의 기억은
지금 생각해 보면
다 추억으로 다가온다

우리 인생도 흐르고 있다
간직하고픈 소중한 시간들
눈 깜짝할 사이에 흐르는 세월 속에
아름다운 추억은 쌓여 가고 있다

머무는 눈길에 그 흔적을 기억하며
하얀 밤을 지새운다

감기

식사 잘하고 비타민 보충해도
기침 소리 콜록콜록
에취 재채기하네

환절기 요즘 감기라는 불청객 떠나질 않네
한번 걸리면
잘 안 나가고
추워지는 겨울 친구 하자 하네

욕심은 적당히

더 하고 싶은 욕심이 생긴다
아름다운 S라인 몸매를 위해
과격한 운동을 한다

스트레스를 풀기 위해
맛있는 음식을 더 먹고 싶을 때
공허한 마음에 쇼핑을 지속적으로 할 때
이러한 과유불급은 우리 삶을 해친다

모든 것을 적당히 할 때
우리의 밝은 미래는 보장되지 않을까

명성산

억새풀이 은빛 물결처럼
펼쳐진 명성산
힘들게 올라가는 산행 길
바위를 건너가는 험난한 높은 산

정상에서 마주한 산하
가슴이 열린다
산 아래 아름답게 채색된 수채화
또 다른 작품을 감상할 수 있었다

고양이의 눈물

한없이 울고 있는 소리가 들렸다
밖에 나가 보니 고양이가
검은 비닐봉지에 머리가 들어가
나올 수 없는 상황

나는 살금살금 다가가
비닐봉지를 벗겨 주었다
고양이가 고마운 표정으로
내 뒤를 따라온다

말로 표현할 수 있는 사람도 그 순간
위험하고 공포스럽다
말 못 하는 동물이 얼마나 힘들었을까
왈칵 눈물이 흐른다

빛나는 거울

눈은 참으로 소중하다
맑고 밝은 두 눈으로
아름다운 세상을 볼 수 있고
그 어느 곳이든 갈 수 있고
무엇이든 할 수 있다

눈은 마음의 창이다
눈빛으로 기쁨을 슬픔을
즐거움을 분노를
비춰 주는 빛나는 거울이다

아름다운 사랑

사랑한다는 것은
참으로 아름답다

병들어 고통받는 사람들을 사랑하고
소외된 계층을 사랑하고
지인과 내 이웃을 사랑하고
우리 가족을 사랑한다

아름다운 사랑은
서로가 서로에게 위안이 되어 주며
다정한 말 한마디로 누군가의 가슴속에
고운 정이 스민다

생각하는 삶

중요한 의미를 가진 것은
생각하고 몇 번이고 생각한다

그래도 시행착오를 할 때가 있다
또다시 새로운 생각으로
창조적이고 실천적인 행동이
진취적인 삶으로 이어지길 바란다

봄날의 기억 속으로

발자국 도장을 꾸욱 찍으며
파릇파릇 봄 햇살에 반짝이는 잔디밭
푹신함에 취해 걷다 보니
소곤소곤 이야기가 들린다

누웠다 일어났다 반복해도
싫은 표정 없이 미소로 반겨 준다

푸르른 잔디밭을 거닐 때
봄날의 기억 속으로
평화로운 순간
사색으로 다가온다

제3부
소중한 그대

소중한 그대

소리 없이 손수 만든 귀한 음식
온유한 사랑으로 안고
하얀 눈 맞으며 달려온 그대
따뜻한 마음으로 차가운 하얀 눈이
녹아내리고 있다

기쁨을 느낄 수 있어
모든 세상이 아름답다는 것을

감사함을 알고 나니
모든 사람들이 소중하다는 것을

고아한 품격

지인 독자로부터 전해 받은
내가 좋아하는 귀한 식품들
매번 잊지 않고 보내온다

고운 마음이 찬연하게 채색되어 간다
관계의 온도로 살아간다는 것
참으로 아름답고 소중한 인연이다

보석처럼 빛나는 독자님의 마음으로
가슴속에 금빛 물결이 일렁인다

사랑은 행복으로

날 위한 그대들
진실한 사랑 앞에
오늘도 난
과분한 행복에 젖어 봅니다

그대들을 향한
그리운 봄날
사랑하는 그대들도
행복했음 좋겠습니다

취한다는 것은

취하고 싶다
향기에 취하고
사랑에 취하고
멋에 취하고

취한다는 것은
행복이 나를
지배한 것이다

영원히 난 그 행복에
지배당하고 싶다

좋은 것만 받아들이자

다 하려고 하지 마라
내가 하고 싶은 것만 하자

때론 그 모든 것 내려놓고
좋은 것만 받아들이자

작은 조각의 스트레스도 잘라 버리고
푸르른 잔디를 거닐 때
평온함이 온몸으로 스밀 것이다

가장 행복한 날

따뜻한 마음을 주는
나의 사랑하는 가족 친구 지인들
그들의 사랑으로 얼어붙은 마음이
사르르 녹고 있다

내 곁에 그대들이 있어 공허한 맘 채워 주고
두 눈으로 아름다운 세상을 볼 수 있어 감사하고
내가 편히 숨 쉴 수 있는 공간이 있고
내가 무엇이든지 할 수 있는 자유
아무것도 하지 않을 자유

이 모든 것을 누릴 수 있는
지금 이 순간이
가장 행복한 날

내일 일은 내일 생각하고
다시 오지 않을 오늘
지금 현재를 맘껏 느끼고 즐길 때
이 또한 행복한 인생 여정이겠지

순수한 영혼

아기의 해맑은 까르르 웃음소리
맑은 샘물이 솟아오르는 듯 청정하다

힘든 상황에서도 맑은 영혼 담아
순진무구한 아기 모습 떠올리며
정화한다

아기는 만인의 영원한 사랑이다
그 생명 소중하게 하소서

보고 싶은 얼굴

보고 싶은 얼굴들
코로나로 인해
만남을 뒤로 한 채
통신으로 보고픔을 달래고 있다

반겨 줄 사람 많은데
비대면으로 만나지 못하고
애타게 보고 싶은 마음
환하게 비추어 주는 달빛에
희미하게 보이는 그리운 얼굴들
참았던 눈물이 또르르 흐른다

환한 미소 속에 비친 그대들
따뜻한 봄날 꽃비가 내리는
눈부신 하얀 벚꽃 길을 걷고 싶다

꽃길 같은 인생

찬란한 내 인생을 위하여
빛 가운데로 걸어간다
걷는 그 길
순리대로 걷다 보면
꽃길 같은 인생으로 피어난다

나이가 들수록 영롱한 빛으로 찬란하다
무엇이든지 할 수 있는 희망으로
젊음의 세계로 물들어 가고 있다

자연스럽게

하마터면 잊어버리는 일이 많다
생각나면 생각나는 대로
기억나면 기억나는 대로
지나간 것은 지나간 대로
때론 그렇게 살아가리라

로망이 있어 심쿵하고
꿈을 이룬 사람보다
꿈이 있는 사람으로 살아가리라

어쩌다 발견한 어느 날

어쩌다 발견한 어느 날
사랑으로 찾아와 준다면
기쁨과 감사가 가득하다면
소확행으로 젖어 든다면

이 모든 날들을
아름다운 자연과
세상 모든 사람들에게
선물로 나눠 주는 삶을 살고 싶다

인고의 삶

오랫동안 긴 시간이 흘러
새싹이 한 그루의 나무가 되기 위해
인고의 세월이 흘렀나 보다

오랜 숙명의 삶을
인내한 찰나
아름다운 삶으로 이어진다

추억 속의 휴식

오선지에 음표를 그려 놓고
잠시 명상에 잠긴다
떠오르는 평온함에 취하다

어렴풋이 떠오르는 추억은
마음에 영원한 것
그 기억 꺼내 볼 때
내 안에 엔도르핀과 함께
미소를 머금고 생각에 잠긴다

지상 낙원에서 달콤한 휴식
고민은 짧게 하고
행복한 시간은
영원하길

마음의 여유

사소한 일에 신경 쓰지 않는다면
마음의 여유를 찾을 것이다

그냥 모든 것 비우고
자연의 섭리에 순응할 때
평온하다

백설

고요한 아침에 소복이 내린 하얀 눈
온 대자연이 하얀 새 옷으로 갈아입었다

가고 오지 않는 눈길
눈꽃 송이로 가득한 눈길
아무도 흔적 없는 살포시 덮은 눈길

그 길에 나의 흔적을 남기고 싶다
그 하얀 눈길은 만년의 백설이다

이심전심

서로 마주 보고
마음과 마음이 이어질 때
따스한 눈빛은
서로의 기쁨이다

푹 자고 싶은 날

자려고 해도 잠이 오지 않는 밤
오늘도 불청객이 찾아와 노크한다
무척이나 대하기 힘들다

잠을 청하기 위해
책을 읽고 글도 쓰고
TV도 보고
음악도 듣고
스트레칭도 해 보고
어느새 꼬박 하얀 밤을 지새운다

오늘도 포기한 채 찌뿌듯한 몸으로
샤워를 하고
맑은 영혼을 담아 기도를 한다
오늘 하루도 기쁨과 감사함이 함께하기를

빛나는 만남

가는 뒷모습 보이지 않게 가소서
오는 앞모습 환한 미소로 오소서

가고 오는 그 길에
눈부신 태양이 떠오르게 하소서

우리의 빛나는 만남을 위하여
웃음꽃이 활짝 피게 하소서

목화솜의 포근함

목화밭에 뽀얀 목화가
파란 하늘 아래 드넓게 펼쳐진다

열매 맺은 목화가 터진 후에
하얀 목화솜이 아름답게 피어난다

목화솜에서 씨를 빼낸 뽀얀 솜은
추운 겨울 따뜻하고 포근한 이불이 되어
나를 아늑하게 감싸 준다
나는 그 속에서 미래를 설계한다

까치들의 회의

유리 창가에 까치들이 모여서
중저음으로 회의를 한다
무슨 회의를 하는지
한참 후에 고음이 많아진다
의견 대립이 있어
언쟁이 있는 건 아닐까

새들도 자기 뜻이 맞지 않으면
자기주장을 강하게
표현하는가 보다

감사한 마음

감사한 마음으로
오늘 하루를 시작한다

나에게 주어진 모든 일이
기쁨보다
걱정과 짜증이 많아진다 해도

오늘 하루도 숨을 쉴 수 있으매
감사하며

힘들 때마다 감사를 드릴 때
내 몸과 마음은 강한 면역력으로
더욱 건강해질 것이다

가는 세월

하염없이 두둥실
흘러가는 흰 구름

포근한 뭉게구름에
살짝 기대어

바람 따라 구름 따라
가는 세월 따라가리라

브런치

간단하고 맛있는 브런치
스크램블드에그를 선택했다

버터 향이 고소한 스크램블드에그 위에
살짝 볶은 방울토마토

카페라테와 한입 꿀꺽
도파민이 나를 지배한다

도파민 호르몬

보랏빛 향기 그윽한 아침
창문을 여니 세찬 비바람이
상쾌한 공기를 실어 나른다

칼칼한 목을 물 한 모금 적시고
오염된 폐를 심호흡으로 정화한다
새로운 세포가 되살아나듯
내 안에 도파민이 흐른다

그 호르몬으로 일주일은
버틸 것이다

미소천사

행운을 찾아 나서는 사람들
순리대로 살다 보면
어쩌다 우연히 발견되는 것
항상 추구하고 싶은 것

그 언제든지 행운을 찾아볼 수 있다면
가슴속 깊이 파고든 아름다움으로
빛나는 미소천사가 웃고 있다

행복으로 스며든 봄비

기다리고 기다리던 봄비
주룩주룩 내리고 있다

고마운 단비
산불 진화도 되고
나뭇가지에 솟아나는 새순
연한 잎으로 돋아나고
떨고 있는 꽃망울
화사한 봄꽃으로 피어나겠지

지금 내린 봄비
모든 순간이 행복으로 스며든다

제4부

선물은
한없이 주고 싶다

선물은 한없이 주고 싶다

선물을 받을 때 무엇일까
내가 좋아하는 것일까
설레며 들뜬 마음으로 열어 본다
내가 원하는 것이든 아니든
상대방의 날 위한 따스한 맘을 생각하면
난 그 이상으로 기분이 좋을 수밖에

선물을 주려고
상대방을 생각하며
마음에 들까
정성 들여서 포장을 한다

선물은 받는 기쁨보다
주는 기쁨이 더 뿌듯하고
더 주고 싶은 마음 가득하다

개인주의

자리에 앉아 지하철을 타고 간다
강남역에서 사람들이 우르르
밀물처럼 들어오고 있다

내 앞에 어르신이 서 계셔서
난 피곤한 몸을 이끌고
자리를 양보했다
어르신 고맙다고 표현한다

내 옆에 젊은이들이 앉아 있었다
그 젊은 세대 일부는 아랑곳하지 않고
어르신 관심 없다

일부가 점점 개인주의로
물들어 가고 있는 현실이 안타깝다

내면의 근육을 키우자

한정판 명품 백
비싼 가격에도 우르르 몰리는 사람들
팬데믹 시대에 공허한 마음
달래 보려는 걸까

마음에 내면의 근육을 키워
내 안에 긍정의 씨앗을 심는다면
밝고 화사한 꽃이 피어나지 않을까

가슴으로 남은 추억

보일 듯 말 듯 흐릿한 추억
흩어진 기억 속에

문자로 남은 추억
통신을 타고 목소리로 남은 추억
한 곳을 바라보며 감탄했던 추억
다양한 차의 향기를 음미했던 추억

여기저기 남아 있는 흔적을 모아 본다
어렴풋이 떠오르는 추억은
또 다른 새콤달콤한 맛이다

설레는 사랑

바라만 보아도 좋은 사람
생각만 해도 가슴 뛰는 사람
매일 보아도 또 보고 싶은 사람

영원히 설레는 사랑으로 남고 싶다

사랑의 원칙

사람이니까 사랑이 아름답다
사랑은 우연 속에 인연과 운명이 싹트고
신비로운 사랑이 살며시 다가와
내 영혼에 울림을 준다

원앙새도 민들레도 사랑을 찾아 날아가고
까치와 까마귀도 사랑을 위해 오작교를 만든다

저 태양도 달도 사랑하기에 일식에 만나고
은하수 안에 별들도 사랑 찾아 빛나며
블랙홀은 모든 사랑을 끌어안는다

사랑은 인내와 간절함과 진실 안에 있다

당신에게

이렇게 아름다운 세상에
당신이 행복했으면 좋겠습니다

이제는 가족을 위한 무거운 짐 내려놓고
깃털 같은 가벼운 어깨로
홀가분하게 평온한 마음이었으면 좋겠습니다

남은 시간들 혼자만의 여유만만으로
모든 순간이 밝은 미소였으면 좋겠습니다

기억 속의 공간

밀려오는 그리움이
햇살 앞에 찬연하다

공간과 기억 속의 공간이 마주할 때
그리움과 외로움이 밀려나간다

내 눈길이 머무는 동안
또다시 그리움으로 물들 것이다

앤티크 그릇

앤티크 그릇은 나의 품격이다
예쁜 그릇에 놓인 모든 음식은
하나의 작품이며
예술이다

보는 시선은 위장을 자극한다
잘 흡수된 에너지로
오랫동안 뇌세포에 저장하고 싶다

기쁨과 감사

날마다 파란 하늘 보며
멍때리게 하소서

날마다 자연들과
대화를 나누게 하소서

내 마음의 평온함으로
기쁨과 감사가
가득하게 하소서

눈 내리는 어느 날의 추억

설경이 눈부시게 펼쳐져 눈앞에 있다
그 하얀 눈길을 뽀드득뽀드득 소리 내며
발자국을 남기고 있다

하얀 눈꽃이 핀 온 대자연은
눈부신 햇살에 온 세상이 찬란하다

얼은 손 호호 불어 가며 만든 커다란 눈사람
밤새 녹을까 걱정돼 잠을 설치던 기억
하얀 눈을 솜사탕처럼 뭉쳤다

친구들과 눈싸움하다 반질반질한 눈길에
미끄러져 팔이 골절되어 고생했는데도

그 어린 시절의 기억이
설경 속에 즐거움과 함께
아련하게 떠오르는 옛 추억이다

시간의 흐름

시간의 흐름 속에 연륜도 함께한다
꿈결 같은 세월 잡을 수 없고
오는 세월 막을 수 없고

다가오는 모든 일을 잘 수용하고
건강을 담은 일상을
행복으로 여긴다

아들과 멋진 데이트

엄마와 아들이 데이트하는 날
살짝 들뜬 기분으로
꽃단장을 한다

쇼핑을 즐기며
멋진 와이셔츠를 숍에서 입혀 보니
더욱 멋진 아들이 내 앞에 눈부시다

후각을 흥분시키는 음식점
맛있는 음식이 나왔다
내 입에 먼저 아들이 넣어 준 음식으로
내 위장은 운동을 한다
여느 때보다 더욱 활발하게

사랑하는 나의 친구이자
연인 같은 자상하고 섬세한 아들
영원히 빛나는 삶으로
건강을 담은 축복이 가득하길

미덕은 인심이다

한적한 시골길
둘레길을 둘러본다

따스하고 정 많은
자연을 닮아 가고 있는 사람들
그 미덕에 인심이 후하다

미세 먼지

미세 먼지는 발암 물질
우리의 생명을 위협한다
신선한 공기 맘껏 마실 수 있는
그날 기대해 본다

자유롭게 활동하기
어려운 상황
외출 자제하고
실내에서 즐거움을 찾아본다

미세 먼지가 없는 그날 기대하며
화려한 외출을 꿈꿔 본다

봄소식

나무 사이사이로 반짝이는 봄 햇살
눈부신 틈새로 봄바람이 다가와
연분홍빛 옷으로 갈아입은 나뭇가지들

흔들흔들 춤추며
새순이 파릇파릇 돋아나고 있다

머지않아 연둣빛 잎으로
무성하게 자라 봄소식을 전하겠지

생존 본능

그물망에 갇힌 물고기
팔딱팔딱 안간힘을 쓴다
생존 본능이지만
이젠 포기해야만 한다

희생과 즐거움이 교차되는 찰나
식탁에 맛있는 고단백 생선구이
젓가락으로 한 점 떼는 순간
가슴이 먹먹해진다

반려 식물이 웃고 있다

함박웃음으로 눈뜨자마자
반려 식물이 날 반긴다

몽롱한 기분이지만
사랑하는 식물로
내 마음은 미소 가득, 희망 가득, 용기 가득

항상 날 보고 웃고 있는 반려 식물
너에게 사랑을 듬뿍 주리라
오래 보고 싶다

황금빛 인생

달빛 고운 슈퍼 문
둥그런 황금빛 달님

황금빛 희망을 안고
우리 가족을 찬란하게 비춰 준다

황금빛 인생을 꿈꾸며
각자의 소원을 기원한다

푸른 인생을 꿈꾸며

가 본 지 오래된 겨울 바다
나 홀로 가고 싶다

고독을 씹으며
자유를 만끽하며
외로이 떠도는 갈매기와
푸른 인생을 함께하고 싶다

시린 바닷물이 가슴에 스며든다
이 고통의 멍에
넓은 바다에 던지고
평온한 삶으로 떠나는
행복한 여행이고 싶다

홈 카페

아기자기한 홈 카페
나만의 공간
명화와 어우러진 화사한 꽃들
대리석 테이블에 놓인
향긋한 차와 달콤한 쿠키

창밖에 자연을 불러 손짓했다
바람이 먼저 들어와 향긋함으로
가득한 카페
자연인으로 돌아가는 순간이다

미지의 세계를 찾아서

미지의 세계를 찾아서
떠나는 여행

신비로움 속에 나의 자아를 발견하고
넓은 세상 할 일에 무궁무진함을 느끼고

살아가는 동안 건강이 주어진다면
그 많은 할 수 있는 일에
용기를 부여하고 싶다

잠 못 이루는 밤

졸음이 쏟아져 주말의 명화
끝까지 감상 못 하고
무거운 눈꺼풀이 꿈나라로 이끌고 가던
오래전 기억이 떠오른다

지금은 반대로 감명하고도
잠 못 이루는 밤으로
새벽이 오고 있나 보다

세월 따라 나이도 함께하는 걸까
흐르는 시간들
그냥 순리대로 따라가야겠지

고통은 지혜롭게

고통은 누구에게나 찾아온다
사람으로 인해
물질로 인하여
질병이나 사고로 인해

그런 아픔을 극복하기 위해선
그 고통을 지혜롭게
받아들이는 것이다

소식을 묻다

기다리고 기다리던 그대
소식 없이 그냥 이대로

마음에 심은 사랑
가슴에 품었다가
봄바람에 실어 보낸다

봄빛으로 찾아온 소식
잘 있노라고

기다리는 어느 봄날

가는 겨울 속에
저 산 너머에서 아지랑이
너울너울 춤추며
기다리던 봄은 오고 있나 보다

따뜻한 봄날이 오면
우리네 마음도 훈훈함으로
여유 있는 넉넉한 공간으로
빛나는 햇살에 윤슬 같은 봄날 기다린다

평설

나은숙 제2시집
《어느 날 누구에게나 찾아온 행복》

내면의 순수성과
행복의 시학

(문복희 시인, 가천대학교 교수)

릴케는 '시는 감정이 아니라 체험'이라고 했다. 이 말은 시는 감정이나 지식이 아니라 체험이라는 것이다. 즉 체험이 없이 머리로 쓰는 시는 감동을 주기 어렵다는 의미이다. 일상의 체험에서 발견한 삶의 진정성을 시에 담아낼 때, 살아 있는 시가 된다.

나은숙 시인의 제2시집은 삶의 진정성을 보여 주는 체험의 시이다. 제1시집에서는 사랑의 깊이와 아픔의 섬세한 정서를 미감(美感)으로 표현하고 있다면, 이번 시집에서는 일상의 체험에서 얻어 낸 친근감 있는 소재와 선명한 시어로 삶의 풍경을 생생하게 그려 내고 있다.

이 시집에는 삶의 경험이 곧 시의 경험이 되어 공감을 불러일으키는 시들이 모여 있으며, 세밀한 묘사력을 통해 그의 시 세계를 탄탄하게 구축하고 있다. 특히 인간과 자연에 대한 사랑이 사유와 감각의 적절한 조화를 통해 행복의 테마로 연결되고 있다. 이러한 시 세계 속에서 사물에 감응하는 시인의 정서와 표현의 간결함이 시적 성취를 높여 주고 있다.

이 시집에서 시인은 사랑과 사유의 체험을 통해 행복을 투명하게 드러내고 있다. 시인이 지향하고 있는 행복의 개념은 인생의 핵심이며 시인이 끝까지 추구해 가는 중심 주제이기도 하다.

시련과 고통을 짊어지고
허허벌판에 있다

푸르른 들판 풀내음에 취해
시련과 고통을 내려놓고 오는 길
에메랄드빛 호숫가에 행복이 떠 있다

그 행복 잡으러 가는 순간
내 안의 행복이 날 잡고 있다

가까이서 내 마음을 지켜 준 행복
항상 내 안에 존재한다는 것을

〈어느 날 누구에게나 찾아온 행복〉

인간은 누구나 행복을 꿈꿀 소망을 가지고 있는데, 이 소망은 현실적인 삶 속에서 솟아나는 것이며, 사랑의 토양 위에서 성장하는 것임을 알 수 있다. 시인은 이 시에서 행복의 정체를 분명하게 보여 주고 있다.

행복은 고통스런 상황에서 시련과 고통을 내려놓을 때 만날 수 있는 것이다. 행복은 멀리 있는 것이 아니라 푸르른 들판 풀내음에서 찾을 수 있으며, 에메랄드빛 호숫가에도 떠 있는 존재이다. 들판, 풀, 호

수 등의 자연을 사랑하는 일상의 삶 속에 행복이 있다는 것이다. 또한 시인이 지향하는 행복은 이미 내 안에 존재하면서 내 마음을 지켜주는 내면적 존재이기도 한 것이다.

오랜 기다림의 끝에
그리움을 묻어둔 채
강물은 유유히 흐르고 있다

비대면으로 만나지 못하는 그대들
마음 안에 새겨진 모습들
하나하나 꺼내어
살짝 드리워진 추억을
그대들에게 보여 주고 싶다

그윽한 향기가 퍼지는
찻잔을 마주하고
우아한 수다를 맘껏 떨고 싶은 그날
내 머릿속에 지우개가 되지 않기를
빠른 시간에 대면하기를 기대한다

〈우아한 수다〉

이 작품에서 시인은 '그윽한 향기가 퍼지는/ 찻잔을 마주하고/ 우아한 수다를 맘껏 떨고 싶은 그날'

이 행복한 날이라고 묘사하고 있다. 추억 속에서 꺼낸 행복은 친구와 수다를 떠는 일상의 소소한 일이다. 이것이 나은숙 시인의 순수성이며, 시인이 소망하는 진정한 행복이다.

독일 시인 에센바흐는 '한 사람의 진실한 친구는 천 명의 적이 우리를 불행하게 만드는 그 힘 이상으로 우리를 행복하게 만든다'고 했다. 즐거울 때 정을 나누고 슬플 때 위로를 건네며 힘들 때 속을 터놓고 이야기하면서 도움을 받을 친구가 있다면 진정 행복한 것이다.

사실은 고백할 게 있어요
수줍어 고개 숙인 할미꽃

하루 종일 허리 굽혀 힘들지만
아래만 보고 사는 것도 행복합니다

절망에 빠진 사람들
아래라도 볼 수 있다는 게 감사하며
환한 미소로 용기를 보여 준다

〈용기〉

이 시는 평범한 한 인간의 자리에서 위안과 평화를 간구하는 모습이 그려진 작품이다. 행복은 아래를 보고 사는 것이며, 아래를 볼 수 있다는 것에 감사하는 삶이 진정한 사랑과 용기임을 토로하고 있다. 신약성경 '누구든지 자기를 높이는 자는 낮아지고 누구든지 자기를 낮추는 자는 높아지리라'(마태복음 23:12)는 구절이 주는 겸허한 자세가 이 작품에 스며 있다. 낮아지는 삶의 모습에서 위안과 평안을 찾는 시인의 내면세계가 돋보이는 작품이다.

아름다운 별빛 속에
은은하게 퍼지는
아늑한 엄마의 품속을 그려 본다
애틋한 나의 엄마는 영원한 그리움이다

주는 사랑으로 한평생 산다는 것은
참으로 의미 있는 정이다

지금까지 듬뿍 받은 사랑으로
주는 정으로 살아가리라

〈엄마의 아늑한 품〉

각박하고 소란한 이 세상에서 가장 행복한 공간은 어머니의 품이다. 행복이 무엇인지를 천착해 온 시인은 궁극적으로 어머니의 품속이 영원한 그리움이며 우리가 찾아가야 할 안식처라고 고백하고 있다. 또한 평이한 언어와 담담한 어조로 한평생 행복하게 살아가는 방법을 간결하게 제시하고 있다. 지금까지 받은 사랑을, 주는 사랑으로 베풀며 살아가는 것이 행복의 원동력이며 진정으로 의미 있는 삶이라고 결론짓고 있다.

이 시집에는 시인으로서 생활인으로서 겪은 다양한 체험들이 응결되어 있다. 시인은 일상의 모든 것을 시와 관련지으며 시의 울림으로 끌고 가고 있다. 지극히 섬세하고 여성적인 어조로 내면의 순수성을 지향하고 있는 이 시집은 우리를 따뜻한 행복의 세계로 안내하고 있다.
맑은 영혼의 소유자, 나은숙 시인은 겸허한 마음으로 제2시집 《어느 날 누구에게나 찾아온 행복》을 내놓는다. 행복의 시학을 담은 이 시집이 우리에게 가장 소중한 사랑의 통로가 되고, 꿈이 되고, 축복이 되기를 기대한다.